Caballitos de mar

Grace Hansen

abdopublishing.com

Published by Abdo Kids, a division of ABDO, PO Box 398166, Minneapolis, Minnesota 55439.

Printed in the United States of America, North Mankato, Minnesota.

052016

092016

Spanish Translator: Maria Puchol, Pablo Viedma

Photo Credits: Corbis, Glow Images, iStock, Minden Pictures, Shutterstock, Thinkstock

Production Contributors: Teddy Borth, Jennie Forsberg, Grace Hansen

Design Contributors: Laura Rask, Dorothy Toth

Publishers Cataloging-in-Publication Data

Names: Hansen, Grace, author.

Title: Caballitos de mar / by Grace Hansen.

Other titles: Seahorses. Spanish

Description: Minneapolis, MN : Abdo Kids, [2017] | Series: La vida en el océano | Includes bibliographical references and index.

Identifiers: LCCN 2016934884 | ISBN 9781680807486 (lib. bdg.) | ISBN 9781680808506 (ebook)

Subjects: LCSH: Seahorses--Juvenile literature. | Spanish language materials--Juvenile literature.

Classification: DDC 597/.6798--dc23

LC record available at http://lccn.loc.gov/2016934884

Contenido

Caballitos de mar

Los caballitos de mar viven

en aguas **poco profundas**

de mares tropicales.

Los caballitos de mar varían de tamaño. Pueden medir menos de una pulgada (2.5cm) de largo. Pueden medir más de 14 pulgadas (36cm) de largo.

Una pequeña **aleta dorsal** en la espalda del caballito de mar le ayuda a nadar. Las dos **aletas pectorales** a los lados le ayudan a girar.

aleta pectoral

aleta dorsal

El caballito de mar tiene una cola especial. La usa para agarrarse a las plantas.

Los caballitos de mar tienen muy buen sentido de la vista. Esto los ayuda a mantenerse a salvo de sus **depredadores**. También los ayuda a encontrar alimento.

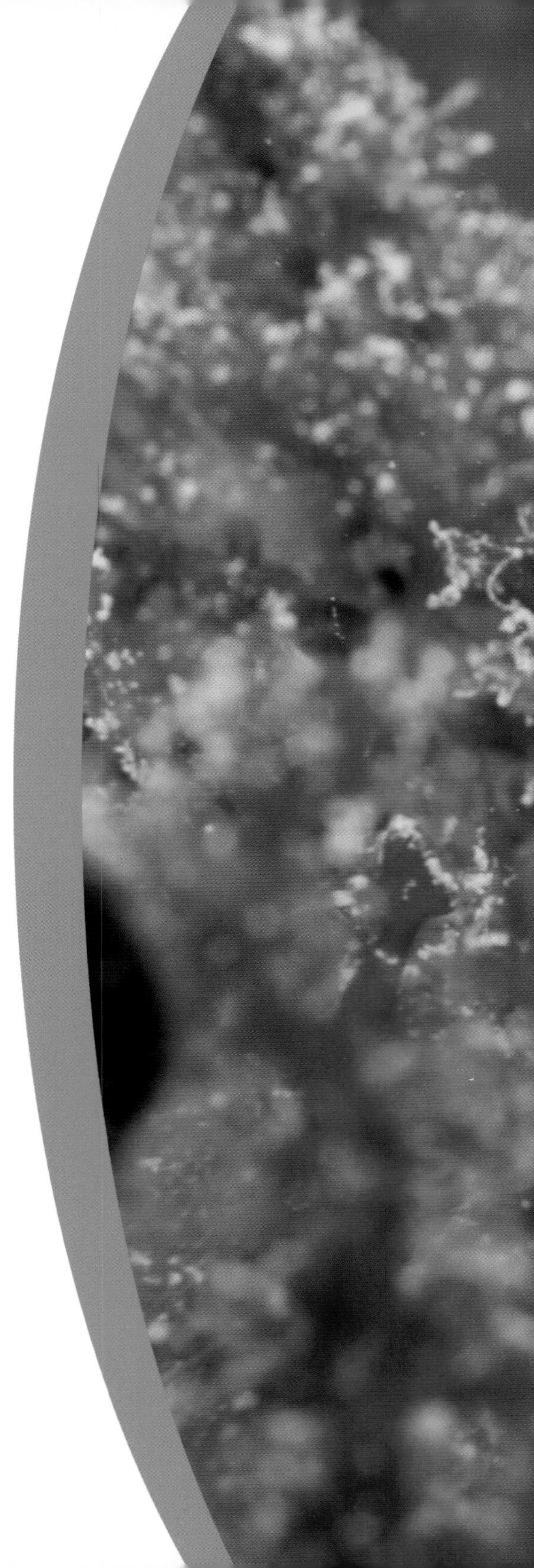

Alimentación y comida

Los caballitos de mar generalmente comen **plancton**. Su largo hocico succiona la comida.

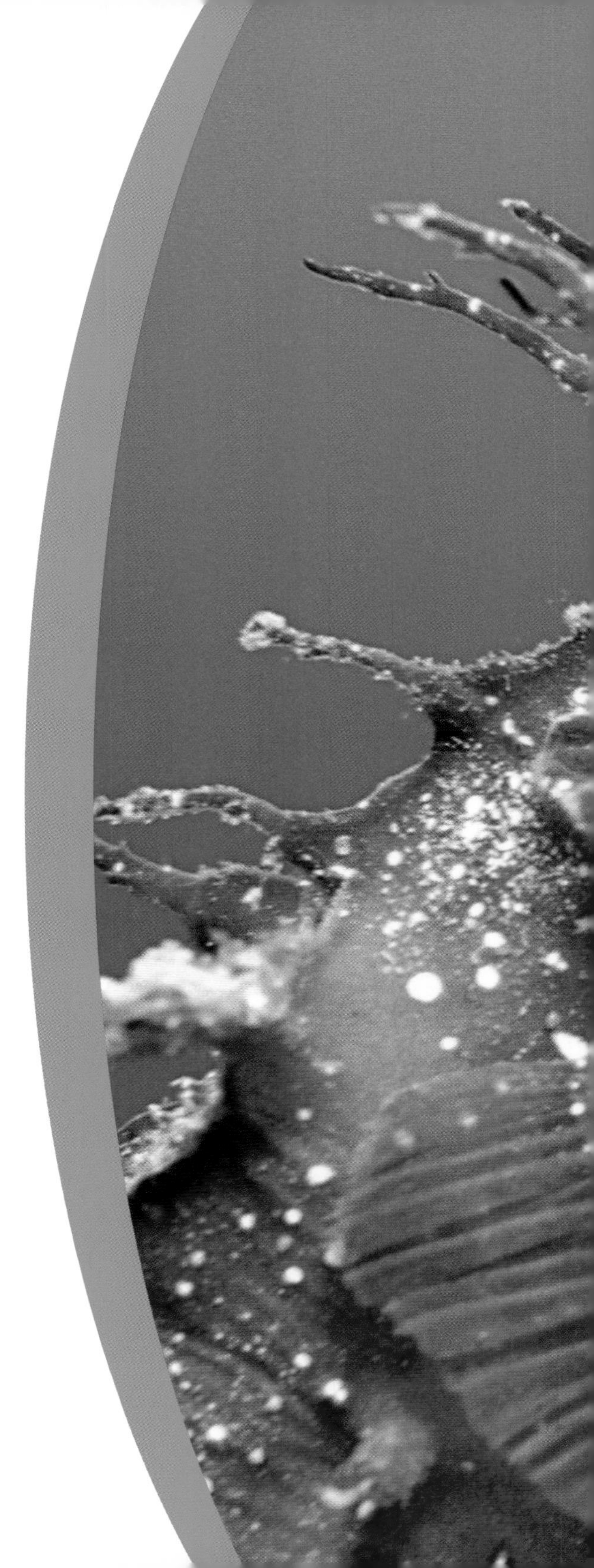

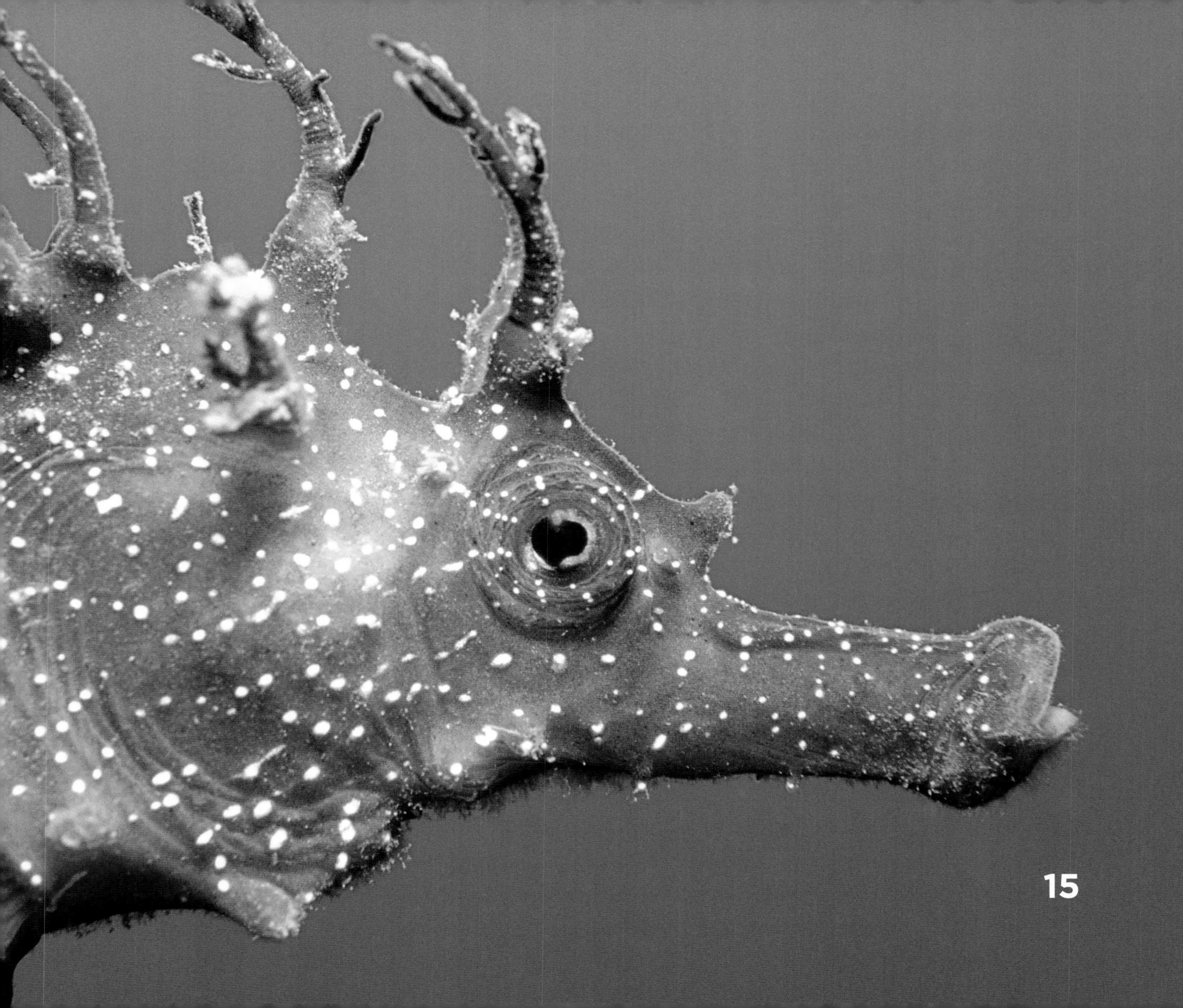

Es un pez especial

Los machos y las hembras
se saludan cada mañana.
La mayoría de las especies
permanecen juntas toda la vida.

Los machos tienen una bolsa para cargar los huevos. Esto los diferencia de todos los demás animales.

Crías de caballito de mar

Los machos cargan los huevos durante algunas semanas. Las crías de caballito de mar viven solas desde que salen de los huevos.

Más datos

- Los caballitos de mar no tienen ni dientes ni estómago. Están comiendo casi constantemente para mantenerse con vida.
- No son buenos nadadores. A menudo se mueven agarrándose a trozos de algas flotantes.
- Un caballito de mar puede cambiar de forma y color para camuflarse en su **entorno**.

Glosario

aleta dorsal – aleta en la espalda de un caballito de mar que le ayuda a moverse.

aleta pectoral – par de aletas justo detrás de la cabeza del caballito de mar que le ayudan a girar.

depredador – animal que come otros animales para subsistir.

entorno – todo lo que rodea y afecta a un ser vivo.

plancton – diminutos organismos que flotan en el mar.

poco profundo – que no está hondo.

Índice

abdokids.com

¡Usa este código para entrar en abdokids.com y tener acceso a juegos, arte, videos y mucho más!

Código Abdo Kids:
OSK7112